A mil años de ti

José Manuel Gomis Aracil

Aliarediciones

Corrección: Eladia Guerrero
Diseño de cubierta: Jaime Galisteo
Maquetación: Aliar Ediciones

Depósito Legal: GR 748-2024
ISBN: 978-84-10374-10-2

Impreso en España

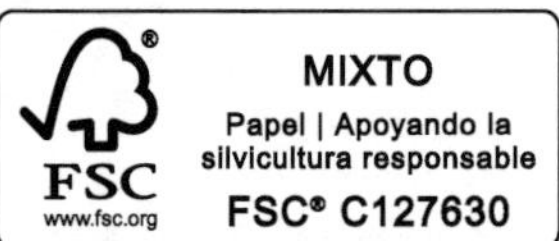

Edita
ALIAR Ediciones
www.aliarediciones.es
info@aliarediciones.es

A mil años de ti

José Manuel Gomis Aracil

Para Kasia

1

A mil años de ti,
muy cerca de mi tierra,
lejos de tu ira,
te escribo estas letras
con lo puesto y con mi guerra.
Quiero seguir adelante
con aguante y entereza,
y olvidar tu desplante,
no quiero herir la idea
que te hizo ser mi reina.
Prefiero que estés lejos
y olvidar la pena
que tanto me recuerda
que muy cerca de ti
perdí mi amor
y abandoné mi tierra.
A mil años de ti
aguantaré mi fuerza,
soportaré tus besos,
perderé la cadena
que me apresó en tu celda.
Muy cerca de ti perdí mi tierra,
ahora me recompongo de tu fatal afrenta
y lloro tu ausencia, que me atormenta;
a mil años de ti y tan cerca.

Y es ahora en mi camino
que escribo mi destino
cerca de esta cerca
que es la puerta de mi tierra,
lejos de tu sombra
que el cielo protegiera,
a mil años de ti
en otras yo estuviera
de verme envenenado
cerca de tu inercia,
que me tuvo maniatado
lejos de mi tierra...
A mil años de ti, ¿recuerdas?

2

¿Me preguntas si te quiero,
mientras rompen las olas y ruge el cielo?
Sí, te quiero...

3

Te quise tanto... tanto,
que ya dejé de soñar...
ya no quedaba qué imaginar...
He muerto tanto por ti que me da miedo vivir.

4

Se cruzan mis pupilas en el rictus de tus labios,
y mueren mis poesías, mi cordura y tus agravios.

5

Resta la vida al sediento
como el agua al viento.
Culpa del reto al mirarle,
sin conocer el descarne
ni la violenta mole del cielo.

6

Escondido en tu vientre
inventando latidos,
cogiendo semillas
de sueños dormidos,
hundiendo mis dientes
en tus sentidos...
despertando luego de mis delirios...

7

El aplomo de tu apoyo fue siempre mi camino,
mi tortura y mi martirio.
No quedan méritos ni sonrisas,
no hay haberes que sostengan lo que fuimos,
ya todo queda en pretérito,
todo ha muerto,
es mi destino.

8

Ya no quedan excusas con las que
remediar tu ausencia.
No tengo ganas de verte,
quiero ignorar tu suerte;
y no puedo, ni de lejos,
con la carga de perderte.

9

Fue tu culpa inquisitoria,
tu locura sin demora,
fue tu exceso de memoria,
tu venganza transgresora,
la que enterró nuestra vida
en una tumba tenebrosa...
Ya no hay nada con qué amarnos,
se nos fue el tiempo entre las manos.

10

Te he perdido tantas veces
que a fuerza de no tenerte
te has convertido en mi obsesión,
en mi causa... mi religión.

11

No se mide en cantidad la calidad,
ni tu amor ha de medirse como tal,
pues de intenso, cuando te tengo,
me cuesta discernir tanta pasión.
Y es que tu cuerpo vive en mí;
y siento que te abrazo despacito,
y me filtro entre tu piel.
Te acaricio y me fundo contigo,
rendido me entretengo en tu cabello
y divago en tus oídos entre escalofríos,
creo soñar despierto y sudo con lasitud,
hasta la punta de mis dedos,
descubriendo tus secretos, tu virtud...
Tus labios ya me repelen... me repelen y me besan,
quiero morderte y aprieto tus pechos,
tú cierras los ojos y me coges las manos.
Luego dormimos y soñamos
que quizá a nuestra vida nunca volvamos;
y que jamás nunca nadie te querrá como yo
cuando resuelva en mi juicio que no hubo nadie como tú.
Ahora comprendo la inquietud de la fortuna...
Y lo que es amar y amarte, y que me ames...
Al cielo le pido que te traiga conmigo
y que vuelvas a mí, a mi cama, a mi nido,
y que sepas por siempre cuánto te he querido.

Quiero abrir las ventanas y respirar contigo,
y que tú me cojas la mano mientras te beso libre y erguido.
Es la sublime verdad de lo que siento,
la que me mantiene vivo;
ya quisiera tenerte como te he tenido.

12

Luna, cuéntale al mundo
cuánto he llorado,
y déjame decirte
cuánto la he amado
cuando dejes tu manto
en las playas de agosto
de negro cerrado.

13

Discúlpeme usted por mi arrogancia,
mas ha de saber, por su rango,
que de amor uno puede sufrir,
y aunque usted dude en su indolencia
sepa usted que este la quiso a morir,
y que si por amor fuera
todavía moriría.
¿Sabía, señora, que por haberle querido tanto
he vivido preso de usted,
y que ahora me sonrío y retracto
de haber estado tan ciego
y haber sufrido tanto,
por sus engaños y encantos?
Ahora que es usted una reliquia
que un día floreció como rosa inquisitoria
y que ya no menguan en su memoria
mis maneras y mi plante,
mi socorro y mi talante...
Una vez que se muera
un trocito de mí se irá con usted,
pero sepa que de juventud no muere nadie,
y que es mi intención morir después
con su recuerdo latente entre mi vida y mi mente;
y reírme de su suerte,
la mía y la de su muerte.

No quiso bregar con mi amor,
me engañó y usó como el tinto al vino,
luego corrió la cuenta al posadero
y usó de criba mi tintero
para burlar el burladero,
y abandonó con su relevo
cualquier vestigio duradero
de este amor tan verdadero.
Trató de atarme a su cintura
mientras duró su dulzura,
mas habiéndome probado
abandonó usted mi frescura
para yacer en otros montes
donde hallar más hermosura.
Ahora que el tiempo alcanzó a su cuerpo
ya no le quedan argumentos,
ni sonrisas ni lamentos
con los que medir su acierto,
ahora a mí me toca lidiar con esto,
ahora sé que he vivido muerto.

14

Arremeten contra mí
los años ya pasados
como piedras de lava
perforadas y quemadas,
con sus humos y salientes
como aguas encrespadas.
Mis latentes obsesiones
que mi vida arrastrara,
emociones y pasiones
que un día me enseñaran
que la vida es todo eso
y una poesía desesperada
para cantar entre dientes
que sin amor no hay nada.

15

Si rompiera mil cadenas como te dije,
si trajera hasta ti las olas como quisiera,
no quedaría más demora que tus caricias
y la sombra de tu memoria si me quisieras.

16

Con un sueño y un bolígrafo
he de decirte algo:
que no hay caligrafía que esconda
el resorte que me inclina y me suscita
lo extraño de este amor,
y esta triste condición
que me maltrata desde mi humilde posición,
esta que te espera hasta que muera yo.

17

No he conseguido que me ames como yo quiero,
no he conseguido que me quieras como yo amo,
has sido solo un recuerdo escondido,
un regalo vivido que el tiempo me ha permitido,
una luz en el túnel que me trajo el olvido.

18

Sería conveniente que alguien viniera y te dijese
lo mucho que te quise y lo poco que me diste,
no fuera a ser que otro no quisiera acercarse hasta tu sombra
y luego le pidieses tramar de alguna forma
una salida a tu deshonra.

19

Somos la noche y el día,
la ola y la orilla,
el aceite y el agua,
vida y melancolía;
lo opuesto a lo nuestro,
la muerte y la rebeldía.

20

Hoy ha caído el cielo,
ese que tantas veces tocamos.
Hoy ha cedido el infierno,
hoy creo que he muerto;
muerto de pena,
muerto de amor.
Ya no resisto tu falta
y no comprendo mi error,
solo lastro tu ausencia
y la de mi corazón.
Se queda contigo mi vida,
esa que puse a tus pies,
hoy sé que no vivo,
hoy he muerto de amor.

21

Es difícil tener
lo que nunca tuve
después de sostener
como sostuve
que es más fácil
nadar en una nube
que amar de nuevo
lo que no tuve.
Hoy me siento de nuevo
en este trance
después de tenerte
como te tuve,
una noche de amor
en una nube,
un beso y un «te quiero»
que nunca tuve.

22

Quisiera quererte, pero solo puedo amarte.
Quisiera olvidarte, pero vives dentro de mí,
quisiera no oírte, pero gritas en mi corazón,
quiero alejarme de ti, pero te llevo conmigo.
No te busco, pero te espero.
Tú eres ese ser especial que fue creado para mí,
        para amarnos...
Mientras llegas, sigo viviendo intensamente cada día;
        aunque sin ti,
esperando ese momento divino en el que se crucen nuestras vidas,
ese momento en que los dos estaremos preparados
        para compartirlo todo
sabiendo con una mirada que tú eres mi mujer y yo tu hombre.
Tomate todo el tiempo que necesites, pero no tardes, mi amor...
Quisiera olvidarte, pero no puedo...

23

Almendras verdes tus ojos,
naranjas tempranas tus pecas,
y de tus labios vástagos rojos
que brotaran en primavera.
Como yo te imaginé,
como yo quiera...
Ya amarte tanto no cuesta;
para albergar tu risa,
para vivir la vida...
Solo tengo que tener
el provecho de tu belleza
y tu perfil nacarado,
tu silueta delicada
y tu pelo ondulado,
sobre mi hombro,
pegado a mi espalda
queriéndote entera,
como te quiero...
De rosas blancas
tus siervas,
tu umbral
de vivas alhajas,
queriéndote entera
como yo te imaginé,
como yo quisiera,
vista de frente,
siendo primera.

24

Sentado en la escalera
esperando una quimera,
a mi amor,
a la primera.
Me di cuenta
en tu consulta
de que quien algo espera
miente a su apuesta verdadera,
y ese amor que espera
no corresponde en su entereza.
Antes de que crezca
he de hallar la réplica
y saber que desde cerca
no hallaré respuesta
que traiga tu amor a mi mesa.
Solo en la distancia
romperé mi apuesta
y tendré rival
que me comprenda.
Y aquí, esperando en la escalera,
comparto mi adiós
con mi agonía, mis recuerdos
y la melancolía
de haber vivido un momento de vida
que solo duró unos meses,
plenos y suficientes

que me han dado una sonrisa,
una mirada y la salida
para no olvidar
que se puede amar
sin esperar nada,
ni siquiera una llamada
que me diera confianza
de no medrar en la espera
y morir en la escalera
con mi ansia y con mi lanza,
de aquel héroe maltratado
como un pobre esperanzado
en algo que no habrá de llegar
aunque espere mil años
sentado en la escalera.

25

Te miro de frente
temiendo perderte,
cubriéndote el cuerpo
de un símil celeste,
cediendo mil flores
de un verde agreste
y un beso de amor,
un beso en la frente.
No quiero tu voz
no quiero mirarte
quiero tu ira
tu melancolía
tu discutir
tu osadía...
He de sentirte
para vivirte
para esperarte
sobre el diván de tu recuerdo
sobre la gente que nos mira
sobre el vago que suspira
con la sangre derretida
a la sombra de tu ego
mi amor, mi clemencia,
mi tesoro, mi querida.

26

En las orillas del edén te acercas a ese «casi» que nunca llega.
A los pies del coloso la punta de tus dedos me roza.
Cerca del gran faro tu luz anuncia mi sombra.
En estas yo me veo cada vez que te acercas,
cada vez que te siento en las aristas de mi cuerpo...
tan lejos, tan cerca.

27

Ajena a mis respuestas
has vivido conmigo,
me abriste las puertas,
me enseñaste el camino,
mediste tu afrenta
por estar conmigo,
hoy rompes tu apuesta,
has roto conmigo.

28

Es nuestro proceder lo que queda,
aunque no queramos ver
que no hay huella en el ayer,
que el pretérito se rompe,
como suele suceder,
cuando el amor irrumpe
y el futuro puede ser
la esperanza de volver.

29

Cansado de verbos letales,
de trances amargos
y sucesos iguales;
hoy quiero abrir tu recuerdo
y mirar hacia arriba,
donde vive el tiempo,
donde clama el cielo,
que de tanto haberte querido
ha quedado prendido
aquel futuro extinto.

30

Caminaba entre cactus,
pero caminaba,
y no veía nada
pero caminaba,
y me pinché,
y entonces me fijé
que de tanto caminar
ya no me pinchaba.
Ahora voy mirando
y ya no camino...
porque ando,
ando y miro.
Pero ya no te tengo...
Y no quiero andar,
solo caminar...
caminar contigo.

31

Por el trato de tus ojos
supe que me querías,
tu sonrisa a media asta
me dijo que ya no había
ni amores ni subastas
de besos y regalías,
que un día me cedieras
diciéndome entre dientes
que quien no se moja y adapta
no tiene tus alegrías.

32

Rezo a Dios en su ignorancia
que este amor que nadie sabe
se congele en su memoria
para quedar intacto en su mente y en su gloria.
Y le ruego encarecido
que me preste tu presencia
pues quiero morir contigo,
con el eco de tu esencia.

33

Es la resulta de mi suerte
que me quieras y me esperes.
Yo rezo por la tuya
que es parte de la mía,
pues yo también espero
que formes parte de mi vida,
y resuelvas tu entredicho
para así rezar juntos
por tu suerte y por la mía,
y la dicha resultante
de un amor tan venerado
por la tuya y por mi parte.

34

Ya no quedan vanidades,
solo velas sofocadas
entre tensas soledades,
esperando ser prendidas
por llorar su parafina
en el plano de la vida,
pues es amor eterno
el que nunca se ha apagado,
discrepando con el cielo
como antorcha que fondea
nuestro alto en el camino
de un amor tan esperado.

35

Se nos fue el verano, cariño,
se nos fue el verano...
Y con él llegó el otoño,
con tus ojos y el letargo
de las hojas desprendidas,
con el amor que nos diera
la brisa y el amargo
de la fruta del naranjo.
Y tú paciente que aún me quieres
metidita en tus arraigos,
y yo pensando me distraigo
soñando que te quiero
y tú me coges de la mano.

36

En esta desoladora desventaja
en la que me veo envuelto,
donde muere la esperanza
y surge el desengaño
es donde no quiero vivir,
porque estar sin ti es mi fracaso,
mi frustración y mi desgracia.

37

Me duele cada paso,
cada instante,
cada letra sin ti...
Me duele recordarte,
cada frase,
cada llanto...
Me duele tu sonrisa,
me duelen tus ojos...
me duele quererte tanto...
Prefiero no sentir
a tenerte lejos...
Prefiero dimitir de tus encantos
a pensar que no te tengo...
Prefiero que oscurezca
a que me roben tus ausencias...
Prefiero morir en tu pecho
a renunciar a lo nuestro,
a tener que engañarme,
a tener que superarlo...
Y aunque sienta el dolor de no tenerte,
echo de menos tu presencia,
tus palabras,
tu mirada,
tu viveza...
y esta agonía que me mata en su indolencia...

Ya solo pienso en ti,
ya solo quedas tú...
solos tú y yo,
y aunque cayera el bizarro azul del cielo,
y el mar no reflejara su eco,
quedaríamos a merced del abismo
entre besos y mareas...
solos tú y yo...

38

Presa de la utopía de tenerte
en la lívida y austera pasión,
se me hace insostenible y duradera
la ilusión de poseerte.
Cuanto más injusta es mi quimera
de amarte y de quererte,
me duele saberte cerca
y sentirte entre ceja y ceja
con lo que conlleva
haberte querido tanto
como ahora tanto te quiero.

39

Ya desperté de mi sino,
ya derrumbé tu barrera,
pero sé que en mi suerte,
que de amores tuviera,
a mi afecto regresa
con más fuerza y ternura
mi novia perpetua.
Esperando que vengas,
abrazado a tus besos
que tantos tuviera...
Mi eterna,
que tanto deseo,
quiero saberte cerca
para que el mundo sepa
cuánto te tengo,
y decirte al oído
un profundo «te quiero».

40

De tu risa solo queda tu sonrisa,
y en tus ojos se pasean las estrellas
ampliadas por efecto de tus lágrimas,
derramadas en aquellos sufrimientos
que entregada asumes en soledad
esperando una reacción de la vida
contra una pasividad que rechazas impotente...
Yo quisiera recoger tu luz y aferrarme a tus encantos,
y hacerte saber que vivo gracias a tu risa, gracias a tu llanto.
Pero hay anclado en el pasado un reducto apostillado
que se bate con tu ira y en recuerdos denostados...
Dejo claro en este intento que no hay nada que interrumpa
todo aquello que sentí,
que es el tiempo quien no entiende de momentos,
y dejo a tu criterio mis amores y añoranzas,
un gesto y dos palabras,
un aliento y mi esperanza, un «te quiero» y un beso,
mi respeto y mi palabra,
y que siga la luna brillando donde quedó tu recuerdo;
en mi rincón más íntimo del alma.

41

Qué no daría por tenerte,
qué no sería por sentirte,
poder escuchar atentamente
la cadencia de tu habla
y la conjura de tu mente;
argumentar tu cuerpo
y recordar cada curva
activando mi recuerdo
con tu sombra descarnada;
qué no daría por sentirte,
qué no sería por tenerte...

42

Cuando no te tenga, justo después de este último beso,
prende en tu corazón un aliento,
pues queda entre nosotros un ánimo,
un hálito de amor que nunca murió,
un rumor del pasado que siempre existió.
Quiero pedirte perdón a la sombra de mi almohada
y decirle al mundo que te quiero,
que realmente siempre te quise,
que no te olvidé jamás;
porque eres mi novia,
mi amor.

43

Juega el viento con su melodía acompasada
sobre tejas moras encaladas,
que despeinan tres banderas a horcajadas
sobre vértices trazados sin ángulo y morada,
y se posan mil gorriones que enmarañan
los vestigios de tu preciosa y adorada Alhambra.
Tiembla España sobre mil aldabas
porque un moro llora en la alcazaba
y queda para siempre su figura
en los bosques de Granada,
Sacromonte y Albayzín,
al punto bajo del Darro
con corrientes como lágrimas
que lloran en el puente,
a los pies de sus guijarros.

44

Corta el frío tu memoria,
y nos quedamos solos,
sin tu reglada ausencia;
y yació nuestra agonía
en la insana gloria
que no debió llevarte.
Mi recuerdo se fue contigo,
con tu puta mala suerte
y tu juventud alterada.
Quién pudiera obligar al cielo
a devolver tu impronta
y cortar el frío velo
que rompió tu vida corta,
que murió contigo,
tus libros y trofeos.
No quedarán palabras mientras viva
que no descansen en tu recuerdo,
no escribiré ni una frase
que no te tenga en cuenta;
y juro a Dios que su desaire
no quedará resuelto
hasta que muera y vuelva a verte
en lo alto del firmamento,
porque no hay nada más triste
que echarte en falta, Eugenio.

MUY CERCA DE MI TIERRA

45

ALICANTE

¡Ay!, Alicante, cota de altura, simiente de fiesta.
¡Ay!, mi ciudad, que tanto me quiere, que nunca protesta.
De sacro moro tu estampa
que blandiera mil espadas
por tu bandera y tu mirada,
con la cara triste
de tu moro sin figura,
sin su cuerpo y sin fisuras
ya mantiene en ristre
tu silueta y tu muralla.
¡Ay!, Alicante, de paciencia escondida en un reino que no te merece.
¡Ay!, mi ciudad, excusa de paso, tus playas te mecen...
Quién tuviera tus calles llenas de sol
en veranos tupidos de flores y siesta,
y comer en la calle, sentado a la puerta,
esperando algún barco que traiga faena.
¡Ay!, mi querida, no sabré lo que tuve cuando no te tenga...

46

JALÓN

Con sigilo y con lamento
se desprenden tus alientos,
de verde y vino tus sarmientos,
de tierra roja tu asiento
y en el río bajo sombras
vas cayendo en mi recuerdo.

47

ALTEA

No hay horizonte entre el mar y el cielo,
no hay primavera que sostenga el invierno.
A la sombra de tu Bernia
colmenas y trasiegos
de agua clara y pino verde,
¡clama el cielo!
Que Dios te tenga por siempre;
primavera de lo eterno.

48

VALL DE LAGUART

Eterno valle de alianzas y refriegas
que suspiran mil batallas.
Del fruto rojo quise yo lo perpetuo,
y ahora sueño en tu regreso
a tus fondas de recreo,
a mi fuente de hielo.

49

DENIA

De piel romana,
costa y sana
con orillas revestidas,
de castillos y ventanas.
Donde amé y lloré,
soñé contigo y en tus playas.
Mil veranos escoltaron
a tus olas y altozanos.
¿Dónde quedan mis recuerdos?...
... a la sombra de tus cañas.

50

GUADALEST

Corta el olivo con su baile
los campos y los llanos;
el viento silba sobre el valle,
los cerros y el pantano.
Y yo embelesado con tu talle,
pinto un cuadro,
tu sonrisa, tu retrato.

51

JÁVEA

Nació el puerto de tus calles,
ceñidas y al detalle.
Yo quise nacer allí, bagatela de capricho,
con azules quebrados rompiendo en tu cara
y arenales contenidos perfilando tu mirada.
Los vientos ya plasmaron su viveza
en ramales y metidos
que cubren el cielo y tu ceño,
tu mueca y tu fachada.
Tu atractivo entre dos cabos;
San Antonio es a la izquierda
y La Nao a tu derecha...
no hay horizonte que pueda
albergar tanta belleza.

52

SAN JUAN

Quise tener en tu rambla
un amor que me dejara,
y así poder llorar triste
en tu olivo y en tu huerta.
¡Que Santa Faz aún existe!,
como acequias en tu campo,
en tu iglesia y en tu estirpe.

53

SANTA POLA

Puerto romano moro
de Ilícitas y Lucentum.
Viven ánforas y plazas,
tu castillo y tus orillas.
Y cerca el mar tus costas,
tu faro y tus rodillas
de tu puerto de salida
a Cartago y a Tabarca.
Dejaron tus salinas
cielos blancos de agrias aguas,
que sirvieron de reclamo
a flamencos y aves garzas,
que en tu torre se defienden
del viento y de sus algas,
que desprenden sal y espuma
entre inviernos y alabanzas,
de aguas tintas sin fondo
al reposo de sus cañas.

54

GUARDAMAR

Son tus pinos y eucaliptos
quienes frenan con su abrupto,
con su fronda y con su sombra
a los vientos y oleajes que rompieran en tus calles,
en tus campos y ramajes.
A costa de tu costa
ya las dunas se abren paso;
¡quién tuviera tu paseo,
tus playas y paisajes!

55

LA MARINA

Del mar nace tu nombre,
al sol se abren tus calles,
tus llanos a las dunas;
quién tuviera domingos
que perder en tu pinada
y tumbarse allí a la sombra
acompañado de refresco,
de juegos y desganas.

56

VILLAJOYOSA

A mi vista ya me vienen
pescadores con sus redes,
con recados entre olas,
prisas y demoras.
Y no hay joya más grande
que una vista de tu puerto
con la mirada en poniente,
donde el sol nunca se cansa
de atardecer en tus casas,
de colores tantos
que cambia el tono de tu gracia,
mientras cuelgan de una ermita,
con el puente sorteando
el paso a tu morada,
a tu enclave y a tu villa.

57

TORREVIEJA

De torre vieja de un moro
hasta donde alcanza la vista
tierra llana y marchita,
suda aguas saladas
para medrar en salinas,
y componer habaneras
que del puerto surgieran,
con la cara al verano
en paseos y acequias.
Corta el eco y la sombra
que engalana tu campo,
despilfarro de bienes
que perdieran su encanto
con dinero robado
de sudores y engaños.
Europeos del Este te dejaron repuesta
para que otros pudieran
chupar de la teta
y seguir con la fiesta;
no te quedan formas, es tu respuesta.

58

ELCHE

De tus playas y arenales
a tus puentes y jardines,
ya despuntan palmerales
entre huertos y humedales.
Yo quisiera ser tu dama
y morir aquí enterrada,
y morar en tus vitrinas,
no en museos nacionales.
A ti, Elche, y a tus soles,
te dedico este poema...
De Ilícitas a un amigo,
que descansen tus haberes
a la sombra de palmeras,
no en industrias y edificios
que rompieron tu belleza.

59

BENIDORM

De azul tu puerto.
Tu castillo, tu encanto.
De Levante a Poniente,
del Rincón a La Vila,
del mar a la isla.
Sierra Helada ya podrida
de políticos corruptos
que vendieron tu encanto
a extranjeros forrados
de dinero y de llanto,
que moran borrachos
por tus fiestas nocturnas
de vino barato.
Edificios y hoteles desafían al cielo
y aúpan sus dedos a lo más alto
creyendo que Dios vive agachado
y no se dan cuenta de que desde lejos
todo parece un fracaso,
pues tu belleza reside en la linde
donde tus garras no inducen al desacato.

60

ORIHUELA

Orihuela del Segura,
se organizan mil iglesias
en la sombra de tus calles.
Y acudieron ya mil curas
a tratar de gobernarte,
mas hallaron en tu campo
una forma de debate,
ya un poeta había nacido
entre humildes vanidades.
Sed de agua y de progreso
te trajeron el trasvase
y dos tubos rompieron tu quijada
entre abruptos y humedades
y la vega de tu río
quedó siempre retratada:
capital pura y sedienta
para siempre bien regada.

61

CALPE

Del golfo de tu puerto
a la playa de Levante,
protege con vigilia,
desde el pueblo hasta La Fosa,
un peñón extravagante
que hace de esta costa
la más bella de Alicante.
Es agosto de sol húmedo
quien maneja vigilante,
lo que deja aquí el turista
del paseo al restaurante.
En la cuesta que te rompe
atravieso tu semblante
y me pierdo en la estación,
tu montaña y tus senderos,
la ermita y lo sobrante.

A MIL AÑOS DE TI

62

Ahora que te tengo
y no te tengo.
Ahora que te siento
y me despierto;
cuando tenga
sueño y tiempo,
dime que no es falso,
dime que no miento
cuando sales y yo entro
en la mente de tu cuerpo
y despiertas en mi aliento
como único alimento,
que recuerda a mi intelecto
que me siento bien,
que ahora despierto
del letargo de mi invierno,
ahora que te tengo...

63

Hoy ha salido el sol al escucharte,
hoy supe que él debió enamorarse
cuando mis ojos se abrieron y te pusieron delante
para saber qué es amor, para poder recordarte
y tener una meta que sujetarme;
hoy te espero para enamorarte
y que se muera de celos al escucharme
por haberte dejado volante
tan cerca de este poeta y amante
que no va a darte desplante
porque su amor eres tú,
entresijos aparte.

64

Vamos a dejarlo en un sí.
Vamos a verlo como dijimos...
Quizá después,
puede que siempre,
nunca no existe,
quede que sí,
nunca no es siempre,
quizá no existe.
Tengo tu voz cerca de mí,
como lo hablamos,
unidos tú y yo,
quizá para siempre.

65

Ya salieron de tus ojos
verdes hojas almendradas;
y curiosos se relajan
al envés de mis pestañas,
que resuelven tu mirada
atrapando tu silueta,
en la sombra de tu sombra,
donde yo me oculto,
donde no hay rival.

66

Yo vine del mar,
de sus anchas coberturas,
de sus algas, sus espumas,
de sus crestas azuladas,
de turquesas soleadas,
de sus noches misteriosas,
desde el cabo hasta la playa
con el llanto de su orilla
empedrada y arenosa,
donde la luz del faro
turbia el relente
y sacude de ira y muerte
la herrumbre del anclaje
y el quejido de los mástiles
que miran al levante.
Yo vine del mar
con el perfume de la sal,
encaramado en una barca
donde tomó nombre la luz
de aparejos y almadrabas
y la agónica extraña del ocaso.
Yo vine del mar, señora,
y le vengo a decir
que en el vasto de sus ojos,
en lo más profundo,
mora más belleza
que en el mar de donde vine.

67

Fue en un tiempo,
solo en uno,
que por fortuna sigo vivo
soportando los vestigios
de tan altas esperanzas
de rastreros argumentos
donde quise verme envuelto.
Y ahora sigo mi camino
con recuerdos que ya olvido
y el destino me devuelve
siempre que te miro.

68

Con una gota de tinta y un beso,
un abrazo y un deseo.
Un desafío a la vida te tengo,
que no me faltes,
pues lo que tienes yo tengo,
con lo bueno, tu genio y tus faltas;
que son pocas y muchas,
pero en conjunto,
mi futuro y esperanza.

ÍNDICE

Este libro se terminó de editar en Granada
en mayo de 2024 por

www.aliarediciones.es
info@aliarediciones.es